Elli Michler

# Dir zugedacht

## Wunschgedichte

Don Bosco Verlag

Die Deutsche Bibliothek − CIP-Einheitsaufnahme

**Michler, Elli:**
Dir zugedacht : Wunschgedichte / Elli Michler.
− 12. unveränd. Aufl. − München : Don-Bosco-Verl., 1995
ISBN 3-7698-0625-5

12. Auflage 1995 / ISBN 3-7698-0625-5
© by Don Bosco Verlag, München
Fotos: Barbara Michler, Heilbronn
Gesamtherstellung: Druckerei Gebr. Bremberger, München

Der Umwelt zuliebe gedruckt auf chlorfrei gebleichtem Papier.

# Inhaltsverzeichnis

Einführung . . . . . . . . . . . . . . . . . . . . 7

1 Ich wünsch' dir einen guten Tag . . . . . . . . . . . . . . . 11
2 Ich wünsche dir Mut . . . . . . . . . . . . . . . . . . . 12
3 Ich wünsche dir Beweglichkeit . . . . . . . . . . . . . 13
4 Ich wünsche dir Sonne und Regen . . . . . . . . . . . 14
5 Ich wünsche dir Geborgenheit . . . . . . . . . . . . . 15
6 Ich wünsche dir Phantasie . . . . . . . . . . . . . . . . 16
7 Ich wünsche dir Beredsamkeit . . . . . . . . . . . . . 19
8 Ich wünsche dir Offenheit . . . . . . . . . . . . . . . . 21
9 Ich wünsche dir Begeisterung . . . . . . . . . . . . . . 22
10 Ich wünsche dir Beharrlichkeit . . . . . . . . . . . . . 23
11 Ich wünsche dir Geduld . . . . . . . . . . . . . . . . . 24
12 Ich wünsche dir Freude . . . . . . . . . . . . . . . . . 27
13 Ich wünsche dir Zeit . . . . . . . . . . . . . . . . . . . 28
14 Ich wünsch' dir Humor . . . . . . . . . . . . . . . . . 29
15 Ich wünsche dir Gelassenheit . . . . . . . . . . . . . . 30
16 Ich wünsche dir eine gute Reise . . . . . . . . . . . . . 31
17 Ich wünsche dir Frohsinn . . . . . . . . . . . . . . . . 33
18 Ich wünsche dir Selbstbewußtsein . . . . . . . . . . . 34
19 Ich wünsche dir Verbundenheit . . . . . . . . . . . . . 35
20 Ich wünsche dir Dankbarkeit . . . . . . . . . . . . . . 36
21 Ich wünsche dir Duldsamkeit . . . . . . . . . . . . . . 37
22 Ich wünsch' dir gute Besserung . . . . . . . . . . . . . 38
23 Ich wünsche dir einen guten Morgen . . . . . . . . . . 39
24 Ich wünsche dir, was man nicht kaufen kann . . . . . 41
25 Ich wünsche dir Stille . . . . . . . . . . . . . . . . . . 42
26 Ich wünsche dir Zuversicht . . . . . . . . . . . . . . . 43
27 Ich wünsche euch ein frohes Fest . . . . . . . . . . . . 44

| | | |
|---|---|---|
| 28 | Ich wünsche dir fürs neue Jahr… | 45 |
| 29 | Ich wünsche dir das rechte Maß | 46 |
| 30 | Ich wünsche dir Bescheidenhcit | 47 |
| 31 | Ich wünsche dir Barmherzigkeit | 49 |
| 32 | Ich wünsche dir Zufriedenheit | 50 |
| 33 | Ich wünsche dir Glück und Segen | 51 |
| 34 | Ich wünsche dir bunte Farben | 52 |
| 35 | Ich wünsche dir gutes Gelingen | 53 |

# Einführung

Im Zusammenleben der Menschen gilt das Wünschen untereinander von jeher als Ausdruck des gegenseitigen Wohlwollens, der Friedfertigkeit und des guten Willens. Das beginnt schon am Morgen, wenn wir uns einen guten Tag wünschen, und endet am Abend mit dem Wunsch für eine gute Nacht.
Darüber hinaus aber können Wünsche die Zeichen unserer besonderen Zuwendung sein, Ausdruck des intensiven Begleitens, des Stützen- und Bestärken-Wollens, der Liebe zu unserem Nächsten. Auch dort, wo uns tatkräftige Hilfe versagt ist, bleibt uns immer noch die innere Anteilnahme durch unser Wünschen.
Wünsche sind Kräfte. Menschen, die noch unterwegs zu ihren Zielen sind – und das sind wir ja alle –, erreichen unsere Wünsche als hilfreiche Hinweise, wie sie ihr Ziel finden können bzw. welche Ziele anzustreben sich überhaupt lohnt. Deshalb sollten wir Wünsche niemals achtlos und verallgemeinernd aussprechen, sondern immer mit Überlegung.
Es gibt grundlegende Wünsche, zum Beispiel für Gesundheit oder langes Leben, deren Gewährung wir nur als Gnade betrachten können. An der Erfüllung anderer Wünsche dagegen, etwa beim Wunsch nach Zufriedenheit, kann der Mensch jedoch selbst mitwirken. Insofern ist diese Art von Wünschen für uns besonders wichtig, weil sie uns Aufgaben zeigt, denen wir uns stellen müssen.
Hierin liegt der eigentliche Sinn der in der vorliegenden Wunschgedichtsammlung zu einem vielfarbig schimmernden Strauß gebundenen guten Wünsche. Gleichzeitig mögen die folgenden Texte allen jenen eine Hilfe sein, die für die Übermittlung ihrer intensiven Gedanken und Grüße an Mutlose, Kranke, von Angst und Depression Bedrohte und unter dem Zwang der Zeit Leidende nach dem rechten Ausdruck in der einprägsamsten Form suchen.
Wünschen ist wie Rosen-Schenken. Eine Rose am Krankenbett kann zwar Krankheit und Schmerzen nicht verhindern, aber sie kann die Kraft zum Durchhalten, zum Überwinden, zum Bewältigen geben. Nicht selten treten ja Wünsche und Rosen gemeinsam auf, zum Beispiel, wenn wir die Innigkeit unserer Wünsche bei

bestimmter Gelegenheit durch die Anmut einer einzigen Rose unterstreichen oder bei festlichen Anlässen durch einen Rosenstrauß bekräftigen. Wie die Rosen ihren Duft, so verströmen die Wünsche ihren Segen. Es ist jene warme und zärtliche Geste der Hingebung, die beide miteinander verbindet. Die Intensität des Duftes, die Entfaltungsbereitschaft der Knospe – entspricht dies nicht unserem Geöffnetsein, unserer Hingabe, dem Zustand unserer Seele im Augenblick der intensivsten Zuwendung zu unserem Nächsten, indem wir unsere Wünsche ihm zum Geleit geben?
Solange wir Wünsche auf den Weg schicken, dürfen wir auf ihre Erfüllung hoffen, wie auf das Wunder, das in der Entfaltung einer Rosenblüte geschieht. *E. M.*

# Ich wünsch' dir einen guten Tag

Ich wünsch' dir einen guten Tag!
Geh ihm nur froh entgegen
und achte auf den Stundenschlag
als sanfte Mahnung, dich zu regen.

Doch laß dich nur nicht ständig treiben
von viel zuviel Terminen.
Es soll vom Tag das Wissen bleiben:
Die Sonne hat mir heut geschienen!

Ich wünsch' dir einen guten Tag
zu jeder Stunde seiner Zeit.
Denn was er dir zu sein vermag,
ist mehr als nur Geschäftigkeit.

Wie du ihn nützt, wie du ihn hegst,
nur das allein wird zählen
in den Gedanken, die du pflegst.
Laß dir den Tag nicht stehlen!

# Ich wünsche dir Mut

Ich wünsche dir Mut.
Vielleicht wirst du sagen:
Gesundheit ist ein viel höheres Gut.
Ich aber wünsche dir Mut, zu ertragen
auch das, was dir wehe tut.

Ich wünsche dir Mut,
dich vom Stuhl zu erheben,
nur ein Stückchen, nicht viel.
Du wirst sehn: Nimmst du Anteil am Leben,
bist du wieder im Spiel.

Ich wünsche dir Mut
zum Beginn einer Reise
in die Welt oder auch in dich selber hinein,
damit du auf deine Weise
dich einmal ganz groß fühlst statt klein.

Ich wünsche dir Mut,
so zu sein, wie du bist und dich magst,
und immer nur so zu denken,
wie du es sagst,
Mut, um dein Glück selbst zu lenken.

Ich wünsche dir Mut
für den Tag, für die Stunde,
für all dein Beginnen.
Ich wünsche dir Mut für jede Sekunde,
in der du dich mühst, ihn neu zu gewinnen.

# Ich wünsche dir Beweglichkeit

Ich wünsche dir Beweglichkeit.
Gelöst im freien Kräftespiel
des Lebens, mach dich tatbereit
zum Aufbruch für ein neues Ziel.

Du mußt nicht träumen, lieber wachen,
die Hände rühren und das Bein,
dich auf den Weg am Morgen machen,
wirst staunend der Beschenkte sein

vom Lebensreichtum, von der Fülle,
von Sang und Klang und von der Stille.
Wirst abends dann für dich allein
ein Licht anzünden und dich freun

schon wieder auf den nächsten Tag –
wirst Pläne schmieden und dich fragen,
was er dir offenbaren mag
und wo sich's lohnt, den Einsatz neu zu wagen.

Ich wünsche dir Beweglichkeit.
Nur dann im Fluß des Lebens fließt
dir jede Stunde deiner Zeit,
wenn du auch wahrnimmst, welche Wunder sie umschließt.

# Ich wünsche dir Sonne und Regen

Ich wünsche dir Sonne und Regen.
Gott weiß schon das himmlische Spiel
im richtigen Wechsel zu pflegen.
Nur Sonne allein wär' zuviel.

Es möge dich Sonne verwöhnen!
Doch schien' sie jahrein und jahraus,
wie würdest du jammern und stöhnen
und hieltest die Qual nicht mehr aus.

Es möge dich Regen erfrischen
zu Zeiten, in denen er fehlt.
Doch käm' nicht auch Sonne dazwischen,
so klagtest du, wie er dich quält.

Drum wünsch' ich dir Sonne und Regen,
von beidem den maßvollen Teil.
Laß höheren Orts überlegen,
was nottut und frommt deinem Heil!

# Ich wünsche dir Geborgenheit

Ich wünsche dir Geborgenheit,
ein richtiges Zuhause
in einem Kreis voll Fröhlichkeit
oder in stiller Klause.

Ich wünsche dir Geborgenheit,
ein heimliches Asyl,
wohin du, wenn du mit der Welt entzweit,
dich flüchten kannst, ein innres Ziel.

Ich wünsche dir Geborgenheit,
wo man dich schlafen läßt
und wunschlos glücklich sein
in einem warmen Nest.

Geborgenheit, die findest du
in Büchern, in Musik,
im Frieden, im geliebten Du,
doch nirgendwo im Krieg.

# Ich wünsche dir Phantasie

Ich wünsche dir Phantasie,
weil sich die anderen Wünsche so selten erfüllen.
Sie lassen dich hoffen und warten.
Etwas mehr Phantasie wird dir helfen im stillen,
dein Glück zu beflügeln beim Starten.

Ich wünsche dir Phantasie,
deinen Himmel mit Geigen zu schmücken,
auch dann, wenn er trüb ist und grau,
und den Tag zu genießen mit tiefem Entzücken
im Glanz phantasievoller Schau.

Ich wünsche dir Phantasie,
um in Träumen dir Sträuße zu binden,
wie die Sonne so gelb und von leuchtendem Rot,
aus Blumen, die andere gar nicht mehr finden,
verarmt, phantasielos und tot.

Ich wünsche dir Phantasie,
mit den buntesten Flicken
die Löcher in deinem Kleid zu verdecken
und jeglichen Mangel zu überbrücken
und alle die Nöte, die tief in dir stecken.

Ich wünsche dir Phantasie,
dich für Gott und die Welt zu begeistern,
für den Wald und die Flur und das Haus und das Vieh.
Und auch, um dein Leben zu meistern,
wünsch' ich dir viel Phantasie!

# Ich wünsche dir Beredsamkeit

Ich wünsche dir Beredsamkeit.
Gemeint ist nicht das Schwätzen.
Man kann die Reden unsrer Zeit
durch Schweigen gut ersetzen.

Es möge dir, so wünsch' ich, glücken,
das, was du denkst schon immerfort,
auch mit genau dem gut getroffnen Wort
und mit Empfindung auszudrücken.

Aus Wörtern, die in Sprache stecken,
ob man sie ausspricht oder schreibt,
läßt Wunderbares sich entdecken,
was uns sonst tief verborgen bleibt.

Beredsamkeit spricht auch aus Gesten
und aus der kleinsten guten Tat.
Die Redekunst nur zu Protesten
beherrscht doch jeder Advokat.

Beredsamkeit, nicht bloß mit Zungen:
Mit Zärtlichkeiten insgeheim
kann mehr als mit Beteuerungen
die Liebe selbst beredsam sein.

# Ich wünsche dir Offenheit

Ich wünsche dir offene Augen,
in denen der Himmel sich spiegeln kann.
Nur wenn sie zur Offenheit taugen,
ziehn sie ein anderes Augenpaar an.

Ich wünsche dir offene Ohren,
zu lauschen dem Wort, dem Gesang.
Als Hörender bist du erkoren,
Glück zu erfahren durch Klang.

Ich wünsche dir offene Arme,
in denen sich Freundschaft beweist,
und daß dein Verstand nicht verarme,
auch einen aufgeschlossenen Geist.

Ich wünsche dir offene Sinne,
es öffne dein Herz sich ganz weit
wie einst bei den Sängern der Minne,
die Laute zum Klingen bereit.

Sich öffnen, das mag dazu führen,
dem andern entgegenzugehn.
Dann wird vor verschlossenen Türen
kein Mensch mehr als Fremder stehn.

# Ich wünsche dir Begeisterung

So wie die Glocke nicht geschaffen ist,
am Turme zu verstummen,
sie will mit Macht und Lust und rechtem Schwung
ihr Lob verkünden, nicht bloß summen,

so wünsch' ich dir die Freude tiefen Widerhalls
als Kraft, die dich ermahnt auf Erden,
selbst wenn du müde bist, doch keinesfalls
am Ende gleichgültig zu werden.

Ich wünsche dir Begeisterung,
damit ihr Feuer sich in dir entfache.
Dich hinzugeben, hält dich jung.
Verschreib dich einer guten Sache!

Läßt du recht tief und innerlich
dich ganz von ihr berühren,
dann wirst du für sie sicherlich
dich freudig engagieren.

Das ziemt dem Geist und macht ihn groß
und läßt ihn selig beben.
Nichts Schlimmeres, als teilnahmslos
am Tag vorbeizuleben!

Nur Vorsicht: Vor dem Geist der Zeit,
da zügle die Begeisterung.
Auf manches, was dich zu sehr freut,
folgt später die Ernüchterung!

# Ich wünsche dir Beharrlichkeit

Ich wünsche dir Beharrlichkeit,
die sanft dich dirigiert,
wenn Leidenschaft, Besessenheit
sich allzu bald verliert.

Beharrlichkeit, sie mag vielleicht
oft wie die Schnecke schleichen.
Doch alles, was du je erreicht,
geschah nur unter ihrem Zeichen.

Ich wünsche dir Beharrlichkeit,
den guten Vorsatz auszuführen.
Mit ihm allein kommst du nicht weit,
man muß auch Taten spüren.

Beharrlichkeit will reich belohnen,
nach schweren Kämpfen Siege schenken.
Beharrlichkeit schafft Dimensionen,
die kannst du dir noch gar nicht denken.

Ich wünsche dir Beharrlichkeit,
den eignen Weg zu gehen
und ungeachtet unsrer Zeit
den Wert von Treue zu verstehen.

Beharrlichkeit, geübt zu zweit:
Bewährung in der Liebe.
Was nützt dich ein Gefühl für heut,
das nicht auf Dauer bliebe?

# Ich wünsche dir Geduld

Ich wünsche dir Geduld.
Eine Tugend, wie Engel sie haben,
die uns geneigt sind in ihrer Huld.
Geduld ist die mächtigste unter den Gaben.

Ich wünsche dir Geduld,
die das Begonnene glücklich zu Ende bringt,
ob es nun wenig ist oder viel.
Geduld, die dich sicher macht, daß es gelingt,
sanft in beharrlichem Spiel.

Ich wünsche dir Geduld,
die dir hilft, an deiner Enttäuschung zu reifen,
Geduld, auch schier Unbegreifliches
noch zu begreifen.

Ich wünsche dir Geduld,
wenn es dir auferlegt ist zu warten.
Das Glück kommt noch immer zu jenen,
welche geduldig verharrten.

Ich wünsche dir Geduld,
die du brauchst zum Verzicht,
zum Vergeben von Schuld.
Geduld hat Gewicht.

Geduld ist genauso wichtig wie Mut
für dein tägliches Überleben.
Während er laut ist,
bleibt sie ganz still auf der Hut.
Himmlische Kräfte sind ihr gegeben:
Geduld, die dich leise beschwören will,
niemals aufzugeben!

# Ich wünsche dir Freude

Ich wünsche dir Freude
und alle die Dinge, in denen sie steckt.
Ich wünsche dir Freude
und alle die Kräfte, die sie erweckt.

Ich wünsche dir Freude für Arbeit und Spiel.
Freude schafft Wärme, die Welt ist oft kühl.
Ich wünsche dir Freude mit Lachen und Singen,
Freude, den Urgrund für alles Gelingen!

Ich wünsche dir Freude,
die still dich zum Schweigen bewegt
oder befähigt zum Sprechen,
Freude als Rettung aus deinen Gebrechen.

Ich wünsche dir Freude,
die dich ganz löst und dich heiter sein läßt,
die dir die Trübsal verwandelt zum Fest.

Ich wünsche dir Freude,
die, wenn es regnet, den Tag dir erhellt,
die man nicht kaufen kann auf der Welt.

Ich wünsche dir Freude,
die dich am Abend, wenn du dein Tagwerk vollbracht,
in sich geborgen hält
und dir dein Leben neu lebenswert macht:

Freude als Triebwerk und Wurzel der Kraft!

# Ich wünsche dir Zeit

Ich wünsche dir nicht alle möglichen Gaben.
Ich wünsche dir nur, was die meisten nicht haben:
Ich wünsche dir Zeit, dich zu freun und zu lachen,
und wenn du sie nützt, kannst du etwas draus machen.

Ich wünsche dir Zeit für dein Tun und dein Denken,
nicht nur für dich selbst, sondern auch zum Verschenken.
Ich wünsche dir Zeit – nicht zum Hasten und Rennen,
sondern die Zeit zum Zufriedenseinkönnen.

Ich wünsche dir Zeit – nicht nur so zum Vertreiben.
Ich wünsche, sie möge dir übrigbleiben
als Zeit für das Staunen und Zeit für Vertraun,
anstatt nach der Zeit auf der Uhr nur zu schaun.

Ich wünsche dir Zeit, nach den Sternen zu greifen,
und Zeit, um zu wachsen, das heißt, um zu reifen.
Ich wünsche dir Zeit, neu zu hoffen, zu lieben.
Es hat keinen Sinn, diese Zeit zu verschieben.

Ich wünsche dir Zeit, zu dir selber zu finden,
jeden Tag, jede Stunde als Glück zu empfinden.
Ich wünsche dir Zeit, auch um Schuld zu vergeben.
Ich wünsche dir: Zeit zu haben zum Leben!

# Ich wünsch' dir Humor

Mancherlei Wünsche wachsen für dich
aus meinem Denken empor.
Aber die meisten erübrigen sich
neben dem einen: Ich wünsch' dir Humor!

Humor muß man haben. Das Lachen allein
darf nicht Freude am Schaden der anderen sein.
Ich wünsch' dir Humor – und nicht bloß Ironie.
Humor hängt zusammen mit Philosophie.

Humor ist nichts Derbes, verursacht von Witzen,
nichts Lautes, das lärmend geschieht.
Ich wünsch' dir, ein Quentchen Humor zu besitzen.
Humor muß verwurzelt sein tief im Gemüt.

Ich wünsch' dir Humor. Nur wer Traurigsein kennt,
mag sein Geheimnis erfahren:
Was man das Lächeln aus Tapferkeit nennt,
will der Humor offenbaren.

Ich wünsch' dir Humor, den es gilt zu beweisen,
sonst bleibst du bei allem Gescheitsein ein Tor,
Humor als das funkelnde Steinchen der Weisen
am Weg zur Versöhnung. Ich wünsch' dir Humor!

# Ich wünsche dir Gelassenheit

Ich wünsche dir Gelassenheit,
die Gabe, nach der du dich sehntest.
Sie kam dir abhanden im Laufe der Zeit,
in der du gefangen dich wähntest.

Ich wünsche dir Gelassenheit
im täglichen Streit der Gefühle
als Stütze und Halt deiner Standfestigkeit.
Damit kommst du am besten zum Ziele.

Ich wünsche dir Gelassenheit,
zu sehn, wie die Wolken ziehen,
damit deine Ängste, im Tempo der Zeit
nicht Schritt zu halten, entfliehen.

Ich wünsche dir Gelassenheit.
Ist sie dein, kann dir nichts mehr geschehen.
Was kommen will, findet dich lächelnd bereit,
hoch über den Dingen zu stehen.

# Ich wünsche dir eine gute Reise

Ich wünsche dir eine gute Reise!
Gern gebe ich dir meinen Segen.
Ich halte dich nicht, sondern denke mir leise:
Laß nur den Reisewind fegen!

Er bläht deine Segel, umsäuselt dein Ohr
und singt deiner Seele das alte Lied vor,
daß es dort, wo du bist, nicht so lebenswert sei
wie am anderen Ort, der dir fern ist und neu.

Ich wünsche dir eine gute Reise
zu Lande, zu Wasser hinaus in die Welt,
die dir – dem Fremdling – die Lebensweise
anderer Völker vor Augen hält,

die dich herausholt aus deinen vier Wänden,
aus dem verrosteten alten Geleise,
die dich entführt zu den lockenden Stränden
anderer Länder mit anderer Speise.

Ich wünsche dir eine gute Reise –
und daß du dich selber dabei nicht verlierst,
sondern bereichert, verwandelt und weise
nach Hause zurückkehrst und nicht renommierst!

# Ich wünsche dir Frohsinn

Ich wünsche dir Frohsinn.
Leicht ist es gesagt,
wenn heimlich die Sorge
die Seele benagt.
Es steht dir der Sinn
ganz und gar nicht nach Tanzen.
Doch der Frohsinn der Kindheit,
er steckt noch im Ranzen.
Versuch es doch, hole
ihn wieder hervor –
und siehe: er trägt dich
wie damals empor,
enthebt dich der Düsternis
deiner Gedanken.
Nur mit Frohsinn erstürmst du
die hindernden Schranken.
So stellst du dem Trübsinn
den Frohsinn entgegen,
du kämpfst wieder, weißt auch,
wofür und weswegen.
Mit Frohsinn geht's aufwärts.
Sei froh, geh voran!
Es steckt dann dein Frohsinn
die anderen an.

# Ich wünsche dir Selbstbewußtsein

Ich wünsche dir Selbstbewußtsein.
Bilde dir ruhig auf dich etwas ein.
Du mußt nicht denken, du seist irgendwer.
Du bist ein Einzelstück, nicht Sand am Meer.

Du mußt dein Licht nicht unter einen Scheffel stellen.
Hervorgeholt, kann es vielleicht die Welt erhellen.
Du mußt dich nicht verkriechen wie die Maus ins Loch.
Laß deine Seele mit dir fliegen, wag es doch!

Du mußt nicht gar zu furchtsam sein.
Die Angst beschneidet nur die Schwingen.
Dir fällt doch oft was Kluges ein,
warum soll's nicht gelingen?

Es gibt viel Schönes auch an dir,
schau nur mal in den Spiegel!
Tritt frei heraus aus deiner Tür,
sie braucht doch keinen Riegel.

Trau dich heran an eine Tat,
zieh deine Flagge hoch am Mast
und zeig den Leuten dein Format
und daß du Selbstbewußtsein hast!

# Ich wünsche dir Verbundenheit

Ich wünsche dir Verbundenheit
mit Blume, Vogel, Baum.
Ich wünsche dir Verbundenheit
von Wirklichkeit und Traum.

Ich wünsche dir Verbundenheit
von Augenblick und Ewigkeit.
Dann ist die Gegenwart für dich die Zeit,
in die du selbst hineingeboren,
und doch geht die Vergangenheit
durch dich nicht ganz verloren.

Ich wünsche dir Verbundenheit
mit Gott und mit der Welt,
dann bleibst du nicht in Einsamkeit
auf dich allein gestellt.

Ich wünsche dir Verbundenheit
mit einer Menschenseele,
damit sich Glück mit Seligkeit
verbinde und vermähle!

# Ich wünsche dir Dankbarkeit

Von all meinen Wünschen, die sich verbünden
wie freundliche Boten dir zum Geleit,
mögest du diesen am stärksten empfinden:
Ich wünsche dir Dankbarkeit.

Es gibt Anlaß zu danken für jeden genug.
Wem die Sonne am Morgen sich zugekehrt,
wem sein Tagwerk gelungen mit Egge und Pflug,
der weiß Dank für den Atemzug, der ihm beschert.

Wenn es Glück ist, ein einfaches Leben zu führen,
voll Dank zu erkennen: „Ich bin",
dann wünsch' ich dir, Dank in der Seele zu spüren
für beides: Verlust und Gewinn.

Es geht ums Bereitsein, sich dankbar zu fügen.
Doch ob dir's gelingt, das wird an *dir* liegen.
Und wenn du als Glückskind durchs Leben gehst,
dann wünsch' ich dir, daß du zu danken verstehst.

# Ich wünsche dir Duldsamkeit

Ich wünsche dir Duldsamkeit.
Denn ohne sie trägt auch die Liebe
nur äußerlich ein schönes Kleid.
Die Frage ist, was sonst noch von ihr bliebe.
Wohl nicht viel mehr als großes Leid.

Man spricht so gern von Toleranz
und läßt den Blick sich trüben.
An andren, da vergißt man ganz,
sie praktisch auch zu üben.

Die Duldsamkeit kommt ohne Waage
und ohne Maßband recht gut aus,
sucht nicht des andern Niederlage
und teilt Befehle niemals aus.

Aus Duldsamkeit, die sich vollzieht
so wie das Blumen-wachsen-Lassen,
entsteht ein heiteres Gemüt.
Welch ein Juwel, in Gold zu fassen!

# Ich wünsch' dir gute Besserung

Ich wünsch' dir gute Besserung,
nicht nur dem Leib, auch deiner Seele.
Auch sie bedarf der Kräftigung,
selbst wenn du glaubst, daß das nicht zähle.

Von deinem Schmerz an Arm und Bein
im Lehrbuch viel geschrieben steht,
doch wenn sie tiefer sitzt, die Pein,
dann weißt nur *du*, worum es geht.

Es helfen dir dann kaum noch Tropfen,
und keine Salbe macht dich heil.
Es gilt, die Seele abzuklopfen
und ihr zu geben ihren Teil.

Der Krückstock wird fürs Bein gebraucht,
daß es an Kraft nicht fehle.
Doch ist die Seele erst verstaucht,
bedarf es starker Pfähle.

Ich wünsch' dir gute Besserung.
Es soll nun täglich aufwärtsgehn.
Kommt deine Seele erst in Schwung,
dann wird's dein Körper überstehn.

# Ich wünsche dir einen guten Morgen

Ich wünsche dir einen guten Morgen
und winke dir zu mit der Hand.
In der Dämmerung halb noch verborgen
erringt sich der Tag seinen Stand.

Die angstvollen Träume, durchdrungen
von nächtlicher Einsamkeit,
im Morgenwind sind sie verklungen.
Der Tag trägt sein leuchtendes Kleid.

Die Hoffnung erhebt ihre Schwingen,
fliegt hoch zu den Himmeln hinauf.
Ich wünsche dir Lust, um zu singen
vor Freude: Die Sonne geht auf!

# Ich wünsche dir, was man nicht kaufen kann

Ich wünsche dir, was man nicht kaufen kann:
gute Laune vom frühesten Morgen an,
Verliebt-Sein und trotzdem nicht blind,
und wenn du heut segeln willst, richtigen Wind!

Ich wünsche dir, was man nicht kaufen kann:
eine gütige Frau, einen tüchtigen Mann
und ein munter gedeihendes Kind,
und wenn du sie brauchst, daß die Freunde auch dann
deine wirklichen Freunde sind!

Ich wünsche dir Sterne, die nur für dich kreisen,
eine kräftige Stimme, den Herrgott zu preisen.
Ich wünsche dir Licht, wenn es dunkelt um dich,
und daß du mich liebbehältst so wie ich dich!

Ich wünsche dir, daß dir das Essen schmeckt,
daß in jedem Tag auch eine Freude steckt.
Ich wünsche dir, daß du gut schlafen kannst
und daß du die Angst aus der Seele verbannst.

Ich wünsche dir Arbeit, die dich niemals verdrießt,
und daß dir Fortuna ihr Füllhorn ausgießt.
Ich wünsche dir Hände, das Glück festzuhalten,
doch mußt du's erkennen und selber gestalten.

Ich wünsche dir Augen, die Sonne zu sehn,
und Ohren, des Windvogels Ruf zu verstehn.
Ich wünsche dir Füße, die flink sind, zum Laufen.
Ich wüßt' noch so vieles . . .
Man kann es nicht kaufen.

# Ich wünsche dir Stille

Ich wünsche dir Stille,
denn dein Tag ist zu laut,
und sein Lärm bringt dir Pein.
Es gelingt dir nicht mehr, bei dir selber zu sein.

Ich wünsche dir Stille.
Weißt du noch, was das ist?
Laß es nicht so weit kommen,
daß du Stille schon nicht mehr vermißt!

Ich wünsche dir Stille,
um Kraft zu behalten.
Um innezuhalten, um Atem zu holen,
muß Schweigen walten.

Ich wünsche dir Stille.
Bevor dich das Treiben der Welt
taub und stumpf gemacht hat,
geh hinaus in den Wald
und verlasse die Stadt

oder schließe dich ein,
bis die Stille dein eigen.
Hat der Tag dich geschunden,
hilft dir Einkehr im Schweigen.
Nur die Stille allein läßt dich wieder gesunden!

# Ich wünsche dir Zuversicht

Ich wünsche dir Zuversicht.
Sie ist unabdingbar für jegliches Leben.
Ohne sie kannst du nicht
aus der Trauer dich wieder erheben.

Ich wünsche dir Zuversicht.
Nur den Augenblick gilt es zu fassen,
der dich das nötige Gegengewicht
zum Verzagtsein wird finden lassen.

Dann zeigt dir die Zuversicht
einen Weg des Vertrauns, des Vergebens,
denn sie lehrt dich ganz einfach und schlicht,
wie man trinkt aus dem Brunnen des Lebens.

Was du brauchst, ist nur Zuversicht,
die inmitten der Angst und der Schrecken
ein Lächeln zurückholt in dein Gesicht,
drin die Schatten sich wieder verstecken.

Ich wünsche dir Zuversicht,
deinen Blick nach dem Ziel auszurichten.
Wenn dein Ja deinem Nein widerspricht,
werden machtlos die alten Geschichten!

# Ich wünsche euch ein frohes Fest

Ich wünsche euch ein frohes Fest
mit Schnee und Sternennächten –
und statt des Plastikbaumes einen echten
mit roten Äpfeln im Geäst.

Ich wünsche euch ein frohes Fest
in heimischen Gemäuern,
auch trocknes Holz darin zum Feuern
für ein gemütlich warmes Nest.

Ich wünsche euch ein frohes Fest!
Nehmt nur die Gaben nicht zu wichtig
und auch nicht, was ihr abends eßt!
Ihr seid dem Christkind Demut pflichtig.

Ich wünsche euch ein frohes Fest
und keinerlei Beschwerden,
ich wünsch' den Engel vom Podest
zu euch hinunter auf die Erden!

Ich wünsche euch ein frohes Fest!
Und plagt das Kind nicht mit Gedichten!
Seht lieber, wie sich's machen läßt,
den alten Streit zu schlichten!

Ich wünsche euch ein frohes Fest,
den Lichtschein überm Krippenstroh,
und daß in euren Blicken froh
sich Weihnachtsglanz noch spiegeln läßt!

# Ich wünsche dir fürs neue Jahr ...

Ich wünsche dir fürs neue Jahr
das große Glück in kleinen Dosen.
Das alte läßt sich ohnehin
nicht über Nacht verstoßen.

Was du in ihm begonnen hast
mit Mut und rechter Müh',
das bleibt dir auch noch Glück und Last
in neuer Szenerie.

Erwarte nicht vom ersten Tag
des neuen Jahres gleich zuviel!
Du weißt nicht, wie er's treiben mag,
es bleibt beim alten Spiel.

Ob gute Zeit, ob schlechte Zeit,
wie sie von Gott gegeben,
so nimm sie an und steh bereit
und mach daraus dein Leben!

# Ich wünsche dir das rechte Maß

Wer maßlos ist schon insgeheim
beim Wünschen und Verlangen,
dem wird Enttäuschung sicher sein,
er kann kein Glück erlangen.

Drum wünsch' ich dir das rechte Maß.
Du brauchst es zu fast allen Dingen
des Tätigseins, soll dir dein Plan
nicht gleich von Anfang an mißlingen.

Selbst deinen Ehrgeiz darfst du nicht
so maßlos übertreiben.
Es kann getrost ein Rest von Pflicht
auch für den nächsten Tag noch bleiben.

Nicht nur gesundem Tatendrang,
auch unbekümmertem Pausieren
bringt Schaden jeder Überschwang.
Es gilt, das Maß nicht zu verlieren.

Ganz anders ist es, wenn du liebst,
da darfst du es vergessen,
daß du den Maßstab sanft verschiebst:
Das Maß der Liebe läßt sich nicht ermessen.

# Ich wünsche dir Bescheidenheit

Ich wünsche dir Bescheidenheit,
verpönte Tugend unsrer Tage,
in ihrem unscheinbaren Kleid.
Sie legt Erfolg nicht auf die Waage
des zweifelhaften Glücks der Ichbezogenheit.

Sie setzt sich nicht mit großen Gesten
nur überall in Positur,
verschmäht den Prunk, den Rausch von Festen,
und braucht für Treue keinen Schwur.

Sie mag nicht große Worte leiden,
treibt uns nur still zum Handeln an.
Wenn wir im Wünschen uns bescheiden,
dann ist ihr Wille schon getan.

Bescheidenheit wird mißverstanden,
wird übersehn und unterschätzt,
kommt in der Welt gar oft zuschanden,
obwohl sie niemanden verletzt.

Bescheidenheit ist unmodern,
paßt nicht in unsre Rolle.
Mehr Ellenbogen hätt' man gern –
das ist das Jammervolle.

Ich wünsche dir Bescheidenheit.
Stellst du sie auch in Frage
und denkst, man kommt mit ihr nicht weit,
so glaube mir, wenn ich dir sage:
Sie schützt dich gegen Eitelkeit,

drängt allzu große Macht retour,
versucht, dem Übermut zu wehren.
Sie macht uns ebenbürtig der Natur,
will uns statt Hochmut Demut lehren.

Ich wünsche dir Bescheidenheit.
Kannst du mir schönere Tugend nennen?
Weißt du ein besseres Weggeleit?
Es lohnt, zu ihr sich zu bekennen!

# Ich wünsche dir Barmherzigkeit

Ich wünsche dir Barmherzigkeit
als menschliches Verhalten.
Du kannst dem Stolz, der Mächtigkeit
sie still entgegenhalten.

Sie fragt nicht nach dem Recht, nach Schuld,
will nicht belohnen und nicht strafen,
heilt nur die Wunden mit Geduld
und bringt die Leidenden zum Schlafen.

Viel mehr noch als Gerechtigkeit
bedarf der Mensch, um zu genesen,
ein Zeichen von Barmherzigkeit
aus seines Nächsten Blick zu lesen.

Ich wünsche dir Barmherzigkeit
mit jenen, die sich grämen,
um ihre Schuld und um ihr Leid
in deinen Schoß zu nehmen.

# Ich wünsche dir Zufriedenheit

Ich wünsche dir Zufriedenheit.
Du brauchst nicht viel zu haben.
Verbiete nur dem bösen Neid,
dein Glück zu untergraben.

Er treibt dir mit Verbissenheit
in deine Ruhe seinen Keil.
Ich wünsche dir Zufriedenheit
mit deinem kleinen Teil.

Und schaust du statt aus einem Haus
am Sonntag, wenn die Sonne scheint,
nur aus dem Kammerfenster raus:
Die Sonne hat auch dich gemeint!

Ich wünsche dir Zufriedenheit,
im Einklang mit der Welt,
und jeden Tag Gelegenheit,
zu tun, was dir gefällt.

Ich wünsche dir Zufriedenheit.
Und kostet sie dich Mut,
dann faß ihn dir und sei gescheit
und sag: Es geht mir gut!

# Ich wünsche dir Glück und Segen

Ich wünsche dir Glück und Segen:
Es möge dir Gutes geschehn.
Du brauchst aber nun nicht deswegen
mit Eifer am Glücksrad zu drehn.

Was ich meine, kommt oft nur ganz leise
und vor allem von innen her.
Ein Glück ist doch beispielsweise
schon die Abwesenheit von Malheur.

Ich wünsche dir Glück und Segen.
Das muß nicht der Wohlstand sein.
Ein bißchen davon – meinetwegen,
doch bestimmt nicht nur Reichtum allein.

Ich wünsche dir Glück und Segen.
Es öffne dein Fenster sich weit:
Dann ist mit dem Windhauch zugegen
das Glück sich erfüllender Zeit.

# Ich wünsche dir bunte Farben

Ich wünsche dir bunte Farben,
schön wie die Federn vom Pfau,
den Zauber in deinem sonst kargen
Leben im täglichen Grau.

Ich wünsche dir bunte Farben,
schillerndes Schmetterlings-Gaukeln
über den Köpfen von lachenden Kindern
im Frühling auf wippenden Schaukeln.

Ich wünsche dir bunte Farben,
die dich in Sommergärten umgeben.
So wie das Gold der gebundenen Garben
soll es dich reifen lassen, das Leben.

Ich wünsche dir bunte Farben,
schön wie der Herbst sie erdacht.
Lange, nachdem sie verdarben,
schimmert noch Schnee durch die Farben der Nacht.

# Ich wünsche dir gutes Gelingen

Ich wünsch' dir, du mögest begünstigt sein
von dem Glück eines guten Gelingens.
Doch dieses ergibt sich meist ganz von allein
als Erfolg deines ehrlichen Ringens.

Es darf dich der Ehrgeiz nicht gar zu weit treiben,
das Glück läuft Gefahr, auf der Strecke zu bleiben.
Ich wünsche dir nur: Was du tust, das sei gut –
und daß du gesund bleibst und ruhig dein Blut.

Und hinkt der Erfolg deinem Tun hinterdrein:
Du brauchst gar nicht immer der Erste zu sein,
du mußt nur auf deinem ureignen Gebiet
und bei allem, was *in* dir und *durch* dich geschieht,

dich selber nicht achtend, dich ganz hineingeben
und dem, was du liebst, voller Hingabe leben.
Dann wirst du mit Freuden dein Tagwerk vollbringen.
Ich wünsche dir immer ein gutes Gelingen.

# Die erfolgreichen Gedichtbände von Elli Michler

## Erinnerst du dich?

Begegnungen und Erfahrungen

42 Gedichte mit humorvoll-nachdenklicher Lebensweisheit über prägende Begegnungen und Erfahrungen als Kraft zur Bewältigung des Lebens.

*64 Seiten, 8 Farbfotos,*
*Pappband,*
*ISBN 3-7698-0739-1*

## Dein ist der Tag

Ermutigung zum Leben

Gedichte als Bekenntnis und Ermutigung zum Leben – im Jahreslauf durch die Tage des Lichts und des Dunkels.

*64 Seiten, 8 Farbfotos,*
*Pappband,*
*ISBN 3-7698-0705-7*

Zu beziehen
durch jede Buchhandlung.

Bitte fordern Sie
unsern Sonderprospekt an!

DON BOSCO
VERLAG

Sieboldstraße 11
81669 München

## Im Vertrauen zu dir

Gedichte über die Liebe

Die eindringlichen, ermutigenden Texte helfen, das Vertrauen in die Zukunft und den Glauben an die Liebe wieder zu gewinnen.

*2. Aufl., 72 Seiten, 7 Farbfotos, Pappband, ISBN 3-7698-0646-8*

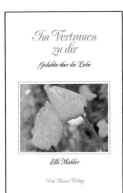

## Die Jahre wie die Wolken gehn

Getrost in den Lebensabend

Humorvolle und doch ernsthafte Verse in einem frischen Stil. Ein wertvolles Stück Lebenshilfe.

*4. Aufl., 80 Seiten, Pappband, ISBN 3-7698-0572-0*

## Wie Blätter im Wind

60 kraftvolle, meditative Gedichte, die Hoffnung und Geborgenheit vermitteln.

*3. veränd. Aufl., 68 Seiten, 6 Farbfotos, Pappband, ISBN 3-7698-0772-3*

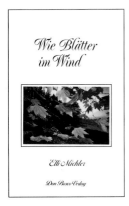

## Ich wünsche dir ein frohes Fest

Gedichte und Geschichten zur Weihnachtszeit

Elli Michler stimmt ihre Leserinnen und Leser mit einfühlsamen Gedichten und nachdenklich-frohen Geschichten ein auf das schönste Fest im Jahr. Ein liebenswürdiges Geschenk und hervorragend geeignet zum Vorlesen bei allen Feiern.

*2. Aufl., 64 Seiten, 6 Farbfotos, Pappband, ISBN 3-7698-0786-3*

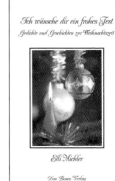

## Für leisere Stunden

Gedichte und Gedanken

Mit diesen Texten führt uns Elli Michler ebenso sicher wie behutsam zu den leiseren Stunden des Lebens, den für uns dringend nötigen Atempausen der Seele in einer Zeit voller Hektik, Angst und Unruhe.

*64 Seiten, 8 Farbfotos, Pappband, ISBN 3-7698-0764-2*

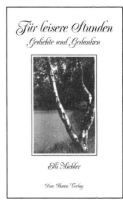

## Vom Glück des Schenkens

Gedichte über die Kunst des Schenkens für jeden, der anderen den Weg zur Freude an sinnvollem Schenken weisen möchte.

*2. Aufl., 80 Seiten, 6 Farbfotos, Pappband, ISBN 3-7698-0654-9*